Mit dem Alter wird man jünger

Alt macht nicht die Zahl der Jahre,
alt machen nicht die grauen Haare,
alt ist, wer den Mut verliert
und sich für nichts mehr interessiert.
Drum nimm alles mit Freud und Schwung,
dann bleibst du auch im Herzen jung.

Mit dem Alter wird man jünger

Heitere Lebensweisheiten

benno

Bibliografische Information der Deutschen Nationalbibliothek
Die Deutsche Nationalbibliothek verzeichnet diese Publikation in der Deutschen Nationalbibliografie; detaillierte bibliografische Daten sind im Internet unter http://dnb.d-nb.de abrufbar.

Besuchen Sie uns im Internet:
www.st-benno.de

Gern informieren wir Sie unverbindlich und aktuell auch in unserem Newsletter zum Verlagsprogramm, zu Neuerscheinungen und Aktionen.
Einfach anmelden unter www.st-benno.de.

ISBN 978-3-7462-4449-5

Zusammenstellung: Ingrid Dlugos, Leipzig
Umschlaggestaltung: Ulrike Vetter, Leipzig
Gesamtherstellung: Kontext, Lemsel (A)

Inhalt

Gelassenheit und Dankbarkeit

Zufrieden sein

Zufrieden sein
glücklich mit sich selbst
heißt nicht,
über vollgestopftem Bauch
unter leisem Stöhnen
die Hände zu falten
und zu sagen:
Mehr hätte ich nicht geschafft.

Vielleicht schon eher,
über knurrendem Magen
die Hände zu falten
und zu sagen:
Ist zwar nur ein Schmalzbrot,
aber dafür hab ich Appetit.

Sich freuen können
an dem, was man hat,
ohne böse zu sein,
dass es nicht noch mehr ist,
ist ein Stück Zufriedenheit.

Vielleicht ist es schon viel,
wenn alles in unserem Leben
die richtige Dimension besitzt.
Wenn wir nicht unter geringen Schmerzen
schwer leiden –
wenn eben der Stellenwert
der Dinge unseres Lebens stimmt.
Es ist so etwas wie eine Ordnung,
die Schönes schön und Böses bös sein lässt.

Über einen Tag sagen zu können,
es wäre ein guter Tag gewesen,
ist schön.

Über ein Jahr sagen zu können,
es wäre ein gutes Jahr gewesen,
ist herrlich.

Über ein Leben sagen zu können,
es wäre ein gutes Leben gewesen,
bedeutet Glück.

Peter Paul Kaspar

Hab Freude im Herzen!

Überlass dich nicht der Sorge,
schade dir nicht selbst
durch dein Grübeln!
Herzensfreude ist Leben
für den Menschen.
Frohsinn verlängert ihm die Tage.
Überrede dich selbst
und beschwichtige dein Herz,
halte Verdruss von dir fern!
Denn viele tötet die Sorge
und Verdruss hat keinen Wert.
Neid und Ärger verkürzen das Leben,
Kummer macht vorzeitig alt.

Jesus Sirach 30,21-24

Veränderung

Geburtstage sind Tage,
an denen man sich entscheidet,
endlich alles zu machen,
was man schon lange machen wollte –
um dann zuletzt alles wieder auf
das kommende Jahr zu verschieben.

Anonym

Morgen werde ich mich ändern,
gestern wollte ich es heute schon.

Christine Busta

Je älter man wird,
desto durchsichtiger werden die Menschen.

Francois Mauriac

Gelassenheit

Gelassenheit kann man lernen. Man braucht dazu nur Offenheit, Motivation, ein bisschen Ausdauer und vor allem Bereitschaft, sich von den alten, eingefahrenen Bahnen zu lösen, in denen unser Denken und Handeln sich häufig bewegt.

Ludwig Bechstein

Stets achtete ich die Gelassenheit
für eines der höchsten Güter,
welche der Mensch auf dieser Erde erringen kann:
aber die Gelassenheit unter allen Umständen,
die Gelassenheit jedem Wesen
und Dinge gegenüber,
die Gelassenheit in jeder Lage,
sei sie bequem oder unbequem,
drohend oder lächelnd,
gut oder böse.

Wilhelm Raabe

Damit das Leben reifen kann

Was mir im Alter wertvoll ist: unterbrechen zu können, ganz bei mir sein zu können, einen Raum der Stille um mich zu haben, mich „entkabeln“ zu können, die Langsamkeit als neuen Reichtum zu entdecken. Ob solche Erfahrungen nicht auch anderen etwas bedeuten könnten?

Was mir wertvoll ist: beleuchten können, Dinge und Ansichten relativieren, sie neu bewerten können; skeptischer zu werden angesichts der allgemein vorgetragenen Selbstverständlichkeiten. Etwas langsamer zu leben, dafür aber nachhaltiger „genießen“ zu können; die Freude z. B., wenn sich etwas scheinbar Bekanntes neu bzw. tiefer erschließt; der Geschmack an einer Qualität, die von innen (oder wenn man will: durch eine neue Beleuchtung des Lebens „von oben“) kommt.

Joachim Wanke

Wertvolle Zeit

Wollen wir uns über die Zeit beklagen?
Nicht die Zeiten sind gut oder schlecht.
Wie wir sind, so sind auch die Zeiten.
Jeder schafft sich selber seine Zeit!
Lebt er gut, so ist auch die Zeit gut,
die ihn umgibt!
Ringen wir mit der Zeit, gestalten wir sie!
Und aus allen Zeiten
werden heilige Zeiten.

Aurelius Augustinus

Nichts ist manchmal so wertvoll
wie die Zeit,
in der wir nichts tun,
nicht planen, nicht grübeln ...
Nichts ist so wertvoll wie Zeit,
in der wir einfach
den Augenblick genießen.

Der Geist des Salomo

Ein ehrlicher Greis trug des Tages Last und Hitze, sein Feld mit eigner Hand zu pflügen und mit eigner Hand den reinen Samen in den lockern Schoß der willigen Erde zu streuen. Auf einmal stand unter dem breiten Schatten einer Linde eine göttliche Erscheinung vor ihm da! Der Greis stutzte. Ich bin Salomo, sagte mit vertraulicher Stimme das Phantom. Was machst du hier, Alter? Wenn du Salomo bist, versetzte der Alte, wie kannst du fragen? Du schicktest mich in meiner Jugend zu der Ameise; ich sah ihren Wandel und lernte von ihr fleißig sein und sammeln. Was ich da lernte, das tue ich noch. Du hast deine Lektion nur halb gelernet, versetzte der Geist. Geh noch einmal hin zur Ameise und lerne nun auch von ihr in dem Winter deiner Jahre ruhen und des Gesammelten genießen.

Gotthold Ephraim Lessing

Entschließungen für mein Alter

Keine junge Frau heiraten.
Keine jungen Gefährten an mich fesseln, wenn sie es nicht wirklich wünschen.
Nicht launisch, mürrisch oder misstrauisch werden.
Nicht die jeweilige Lebensweise, Denkart oder Mode geringschätzen.
Nicht zu kinderfreundlich werden oder mir die Kinder zu nahe kommen lassen.
Nicht immer die gleiche Geschichte den gleichen Leuten erzählen.
Nicht habgierig werden.

Jonathan Swift

Das Geheimnis der Lebenskunst

Farbenvielfalt

Ein Glasmaler lud sein Töchterchen, das durch die Werkstatt lief, zur Mitarbeit ein: So reichte es dem Vater ein buntes Glasscheibchen nach dem anderen, die der Vater jeweils in die Umrisse einer Skizze legte. Wie zum Zeitvertreib erzählte er dem Kind: „Unser Leben ist wie so ein großes Glasfenster. Jeder Tag ist ein Scheibchen, dem wir Farbe geben – ob wir nun mehr lachen oder weinen, mehr vertrauen oder mehr klagen. Gott kann alle Farben gebrauchen und macht das Lebensfenster daraus. Dabei kommt es für uns darauf an, dass wir durch unser Fenster die Sonne Gottes scheinen lassen, damit es eine bunte Freude für die Welt wird."

Willi Hofsümmer

Chancen

Wie mit den Lebenszeiten
so ist es auch mit den Tagen:
Keiner ist uns genug,
keiner ist ganz schön,
jeder hat seine Unvollkommenheit.
Aber rechne sie zusammen,
so kommt eine Summe
Freude und Leben heraus.

Friedrich Hölderlin

So mancher
sucht sein Leben lang
die große Chance
die er niemals findet –
und übersieht
die tausend kleinen
die ein jeder Tag
ihm vor die Füße
legt.

Wilma Klevinghaus

Momente

Zeit ist keine Schnellstraße
zwischen Wiege und Grab,
sondern Platz zum Parken
an der Sonne.

Phil Bosmans

Ich habe gelernt,
vom Leben nicht viel zu erwarten.
Das ist das Geheimnis aller echten Heiterkeit
und der Grund, warum ich immer
angenehme Überraschungen
statt trostloser Enttäuschungen erlebe.

Georg Bernhard Shaw

Im Hier und Jetzt

Jeden Augenblick des Lebens,
er falle, aus welcher Hand des Schicksals
er wolle, uns zu,
den günstigen, so wie den ungünstigen,
zum bestmöglichen zu machen,
darin besteht die Kunst des Lebens,
und das eigentliche Vorrecht
eines vernünftigen Wesens.

Georg Christoph Lichtenberg

Der ideale Tag wird nie kommen.
Der ideale Tag ist heute,
wenn wir ihn dazu machen.

Horaz

Das Märchen von den Zeitgutscheinen

Es war einmal ein Mann, der sich durch nichts von seinen Mitmenschen unterschied. Wie die meisten lebte er mehr oder weniger gedankenlos vor sich hin. Eines Tages aber sprach ihn ein Unbekannter an und fragte, ob er „Zeitgutscheine" wolle. Weil der Mann gerade nichts zu tun hatte und ohnehin eine gewisse Langeweile spürte, ließ er sich auf ein Gespräch ein und wollte wissen, was denn diese Zeitgutscheine seien. Statt einer Antwort zog der Unbekannte ein Bündel verschieden großer Scheine hervor, die wie Banknoten und doch ganz anders aussahen: „Deine Lebenszeit", erklärte der geheimnisvolle Fremde kurz. „Wenn du alle Gutscheine investiert hast, ist es Zeit zu sterben."

Bevor der überraschte Mann eine Frage stellen konnte, war der andere verschwunden. Neugierig und erstaunt blätterte der Alleingelassene in dem Bündel. Zuerst kam ihm der Gedanke, die genaue Dauer seines Lebens zu errechnen, und ihn schauderte, als er die Zahl der Jahre und Tage vor sich hatte. Dann begann er eine Einteilung zu überlegen und machte kleine Stöße von Scheinen entsprechend seiner Absichten. Zwar wollte er für Kegelabende und Fernsehen eine große Zahl von Stundenscheinen bereitlegen, musste aber zu seinem Bedauern bald feststellen, dass allein durch Essen und Schlafen eine unglaubliche Menge von vornherein gebunden war.

Tagelang war er damit beschäftigt, seine Zuwendungen an Lebenszeit immer neu zusammenzustellen, um sie bestmöglich zu nützen. Jedes Mal, wenn jemand ihn dabei störte oder gar etwas von ihm wollte, sah er im Geiste

einen seiner kostbaren Scheine verlorengehen und sagte nein; seine Zeit hätte er nicht zu verschenken!
So wachte er eifersüchtig und geizig über die Gutscheine. Als ihm endlich eine perfekte Widmung der Stunden, Tage und Jahre gelungen zu sein schien, war plötzlich der Unbekannte wieder da: Ob er denn von Sinnen sei, fragte er, nahm einen der Scheine, drehte ihn um und hielt ihn dem erstaunten Mann vor die Augen. Zum ersten Mal entdeckte dieser einen Hinweis auf der Rückseite, dass die Zeitgutscheine in Ewigkeit umgewandelt werden können. Wer sie jedoch nicht in diesem Sinne umsetze, verspiele sein Leben.
Aber da war der Fremde auch schon wieder verschwunden und der Mann neuerlich allein mit einem erregenden Geheimnis – auf welche Weise war der begrenzte Schatz an Zeit in grenzlose Ewigkeit zu verwandeln? ...

Andreas Laun

Lebenskunst

Es ist nicht der unwichtigste Teil der Lebenskunst, die schönen Dinge im Leben nicht aufhören, sondern ausklingen zu lassen.

Elisabeth Bergner

Wahre Lebenskunst: nicht abzulehnen, was das Leben bietet, und nicht zu begehren, was es verwehrt.

Hermann Hesse

Leicht zu leben ohne Leichtsinn, heiter zu sein ohne Ausgelassenheit, Mut zu haben ohne
Übermut – das ist die Kunst des Lebens.

Theodor Fontane

Lebenskünstler ist nicht, wer alles aufschiebt, bis sich die Dinge von selbst erledigen. Lebenskünstler ist, wer Sinn sieht hinter dem, was er tut und sich auch von Fehlschlägen und Misserfolgen nicht mürbe machen lässt.

Adalbert Ludwig Balling

Mit dem Leben ist es
wie mit einem Theaterstück:
Es kommt nicht darauf an,
wie lang es ist, sondern wie bunt.

Seneca

Bereits die Einstellung, sich weniger Sorgen zu machen, kann zu mehr Freude im Leben sorgen.

Ernst Ferstl

Keiner blickt dir hinter das Gesicht

(Fassung für Beherzte)

Niemand weiß, wie arm du bist ...
Deine Nachbarn haben selbst zu klagen.
Und sie haben keine Zeit zu fragen,
wie denn dir zumute ist.
Außerdem, – würdest du es ihnen sagen?

Lächelnd legst du Leid und Last,
um sie nicht zu sehen, auf den Rücken.
Doch sie drücken, und du musst dich bücken,
bis du ausgelächelt hast.
Und das Beste wären ein Paar Krücken.

Manchmal schaut dich einer an,
bis du glaubst, dass er dich trösten werde.
Doch dann senkt er seinen Kopf zur Erde,
weil er dich nicht trösten kann.
Und läuft weiter mit der großen Herde.

Sei trotzdem kein Pessimist,
sondern lächle, wenn man mit dir spricht.
Keiner blickt dir hinter das Gesicht.
Keiner weiß, wie arm du bist ...
(Und zum Glück weißt du es selber nicht.)

Erich Kästner

Keiner blickt dir hinter das Gesicht
(Fassung für Kleinmütige)

Niemand weiß, wie reich du bist ...
Freilich mein ich keine Wertpapiere,
keine Villen, Autos und Klaviere
und was sonst sehr teuer ist,
wenn ich hier vom Reichtum referiere.

Nicht den Reichtum, den man sieht
und versteuert, will ich jetzt empfehlen.
Es gibt Werte, die kann keiner zählen,
selbst, wenn er die Wurzel zieht.
Und kein Dieb kann diesen Reichtum stehlen.

Die Geduld ist so ein Schatz,
oder der Humor und auch die Güte
und das ganze übrige Gemüte.
Denn im Herzen ist viel Platz.
Und es ist wie eine Wundertüte.

Arm ist nur, wer ganz vergisst,
welchen Reichtum das Gefühl verspricht.
Keiner blickt dir hinter das Gesicht.
Keiner weiß, wie reich du bist ...
(Und du weißt es manchmal selber nicht.)

Erich Kästner

Vertrauen

Sage ja zu den Überraschungen,
die deine Pläne durchkreuzen,
deine Träume zunichte machen,
deinem Tag eine ganz andere Richtung geben,
ja vielleicht deinem Leben.
Sie sind nicht Zufall.
Lass dem himmlischen Vater die Freiheit,
selber den Verlauf deiner Tage zu bestimmen.

Dom Hélder Câmara

Hab Vertrauen zum Leben –
und es trägt dich lichtwärts.
Vertraue auf dein Glück –
und du ziehst es herbei.

Lucius Annaeus Seneca

Einen Tag in ungestörter Muße zu verleben heißt,
einen Tag unsterblich zu sein.

Aus China

Besinnung

Wald und freie Bergluft haben mich zur Furchtlosigkeit erzogen, zu gläubiger Lebensfreude, zu dankbarem Staunen vor aller Schönheit, zur Wissenschaft von der ewigen Wiederkehr des Frühlings.

Ludwig Ganghofer

Man sollte alle Tage wenigstens ein kleines Lied hören, ein gutes Gedicht lesen, ein treffliches Gemälde sehen, und wenn es möglich zu machen wäre, einige vernünftige Worte sprechen.

Johann Wolfgang von Goethe

Gebet

Schenke mir eine gute Verdauung, Herr,
und auch etwas zum Verdauen.
Schenke mir eine heilige Seele,
die im Auge behält,
was gut und rein ist,
die sich nicht einschüchtern lässt
vom Bösen, sondern Mittel findet,
die Dinge in Ordnung zu bringen.
Schenke mir eine Seele,
der die Langeweile fremd ist,
die kein Murren kennt,
kein Seufzen und Klagen,
und lasse nicht zu,
dass ich mir zu viele Sorgen mache
um dieses Etwas, das sich so breitmacht
und sich „Ich" nennt.
Schenke mir den Sinn für freundlichen Humor.
Gib mir die Gnade, einen Scherz zu verstehen,
damit ich ein wenig Glück finde im Leben
und anderen davon weitergebe.

Thomas Morus

Den Tag achten

O bitte, beachten Sie doch diesen herrlichen Tag! Vergessen Sie nicht, wenn Sie noch so beschäftigt sind, wenn Sie auch nur in dringendem Tagwerk über den Hof eilen, vergessen Sie nicht, schnell den Kopf zu heben und einen Blick auf diese riesigen silbernen Wolken zu werfen und auf den stillen blauen Ozean, in dem Sie schwimmen.

Rosa Luxemburg

Der arme Bauer

Einem armen Bauern, der kaum das Nötigste zum Leben hat, wird eines Tages ein unerwartetes Glück zuteil. Ein reicher Grundbesitzer erlaubt ihm, soviel Land als sein Eigentum zu erwerben, wie er in der Zeitspanne zwischen Sonnenaufgang und -untergang zu Fuß umschreiben kann. Die einzige Bedingung: Er muss, wenn die Sonne untergeht, genau wieder an dem Punkt angekommen sein, an dem er morgens aufgebrochen ist.
Zunächst ist der arme Bauer überglücklich, weil er bei weitem nicht den ganzen Tag brauchen wird, um soviel Land zu umwandern, wie er zu einem reichlichen Lebensunterhalt braucht. So geht er frohen Mutes los, ohne Hast, mit ruhigem Schritt.
Doch dann kommt ihm der Gedanke, diese einmalige Chance auf jeden Fall auszunützen und soviel Boden wie nur eben möglich zu gewinnen. Er malt sich aus, was er alles mit dem neugewonnenen Reichtum anfangen kann, wozu er ihn verwenden will. Sein Schritt wird schneller, und er orientiert sich am Stand der Sonne, um nur ja nicht den Zeitpunkt zur Rückkehr zu verpassen.
Er geht in einem großen Kreis weiter, um noch mehr Land zu erhalten. Dort will er noch einen Teich hinzubekommen, hier eine besonders saftige Wiese und da wiederum ein kleines Wäldchen. Sein Schritt wird hastig, sein Atem wird zum Keuchen, der Schweiß des Laufens und der Schweiß der Angst treten ihm auf die Stirn.
Endlich, mit letzter Kraft, ist er am Ziel angekommen: Mit dem letzten Strahl der untergehenden Sonne erreicht er den Ausgangspunkt, ein riesiges Stück Land gehört ihm – doch da bricht er vor Erschöpfung zusammen und

stirbt; sein Herz war der Belastung nicht gewachsen. Es bleibt ihm jenes winzige Stück Erde, in dem er beerdigt wird; mehr braucht er jetzt nicht mehr.

Leo N. Tolstoi

Loslassen

Zu wissen, wann man festhalten und wann man loslassen soll, ist wahre Lebenskunst. Denn das Leben ist voller Widersprüche: es fordert uns auf, seine vielen Gaben festzuhalten, während es gleichzeitig verlangt, schließlich auf sie zu verzichten.

Rabbi Alexander

Gehe nicht, wohin der Weg führen mag,
sondern dorthin, wo kein Weg ist,
und hinterlasse eine Spur.

Jean Paul

Setze nie ein Fragezeichen hinter Dinge,
hinter die das Schicksal schon lange
einen Punkt gemacht hat.

Unbekannt

Visionen

Achte gut auf diesen Tag, denn er ist das Leben – das Leben allen Lebens. In seinem kurzen Ablauf liegt alle Wirklichkeit und Wahrheit des Daseins, die Wonne des Wachsens, die Herrlichkeit der Kraft. Das Gestern ist nichts als ein Traum und das Morgen nur eine Vision. Aber das Heute – richtig gelebt – macht jedes Gestern zu einem Traum voller Glück und das Morgen zu einer Vision voller Hoffnung. Achte daher wohl auf diesen Tag.

Aus dem Sanskrit

Süß ist es, egal welchen Alters,
sich der Fantasie zu überlassen.

Marcel Proust

Lebenskunst

Ach, was sind wir dumme Leute –
wir genießen nie das Heute.
Unser ganzes Menschenleben
Ist ein Hasten, ist ein Streben
Ist ein Bangen, ist ein Sorgen –
Heute denkt man schon an Morgen.
Morgen an die spätere Zeit –
und kein Mensch genießt das Heut.
Auf des Lebens Stufenleiter
eilt man weiter, immer weiter.
Nutz den Frühling Deines Lebens
Leb im Sommer nicht vergebens
denn gar bald stehst du im Herbste
Bis der Winter naht, dann sterbste.
Und die Welt geht trotzdem heiter
Immer weiter, immer weiter.

Christian Reuter

Glücksbringer

Gesegnete Reise

Pack in deinen Koffer
Freude an jedem Tag
Offene Augen für frische Farben
Ein weites Herz für alles Erleben
Große Ohren für neue Töne
Leichtigkeit an jedem Morgen
Eine lobsingende Seele
Als Kompass auf neuen Wegen das Wort
Und als Begleiter die Erinnerung.

Engelhände tragen dies Reisegepäck
Und schützen jeden Deiner Schritte.

Und wenn Du zurückkommst
Empfängt dich voll Hoffnung
Aus der immer gleichen Quelle
Ein neuer Fluss.

Maria Sassin

Glücklich sein

Wo immer das Glück sich befindet,
hoffe, an seinem Ort zu sein.
Wo immer ein Mensch lächelt,
hoffe, dass dieses Lächeln dir gilt.
Wo immer die Sonne
aus den Wolken schaut,
hoffe, dass sie für dich scheint,
damit jeder Tag deines Lebens
dich mit seinem Licht empfängt.

Irischer Segenswunsch

Einer sei jung, schön, reich und geehrt, so fragt sich, wenn man sein Glück beurteilen will, ob er dabei heiter sei. Ist er hingegen heiter, so ist es einerlei, ob er jung oder alt, gerade oder bucklig, arm oder reich sei: Er ist glücklich.

Arthur Schopenhauer

Glückliche Tage

Das Glück, wenn es mir recht ist, liegt in zweierlei: Darin, dass man ganz da steht, wo man hingehört, und zum zweiten und besten in einem behaglichen Abwickeln des ganz Alltäglichen, also darin, dass man ausgeschlafen hat und dass einen die neuen Stiefel nicht drücken. Wenn einem die 720 Minuten eines zwölfstündigen Tages ohne besonderen Ärger vergehen, so lässt sich von einem glücklichen Tage sprechen.

Theodor Fontane

Man muss immer etwas haben,
worauf man sich freut.

Eduard Mörike

Das große Glück kommt vom Himmel,
die kleinen Freuden von den Menschen.

Chinesisches Sprichwort

Freudenbotschaften

Humor ist kein Hindernis für Heiligkeit.
Wenn du sonst nichts zum Lachen finden kannst,
so hast du doch immer noch dich selbst.
Dem Nächsten mit Lachen
die Wahrheit sagen,
ist allemal besser,
als ihn mit der Wahrheit erschlagen.
Humor hat viel mit Liebe und Güte zu tun.
Wer die Freudenbotschaft ernst nimmt,
hat Grund zu lachen.

Bischof Patrick Kelly

Mach dein Zuhause zu einer Oase
ohne Lärm und Hast,
gönne dir einen Rückzugsort,
wo du Entspannung findest,
wo dein Herz sich öffnen
und dein Geist zur Ruhe kommen kann.

Marielle Schumann

Tägliche Wunder

Mögest du die kleinen Wegweiser
des Tages nie übersehen;
den Tau auf den Grasspitzen,
den Sonnenschein auf deiner Tür,
die Regentropfen im Blumenbeet,
das behagliche Buckeln der Katze,
das Wiederkäuen der Kuh,
das Lachen aus Kinderkehlen,
die schwielige Hand des Nachbarn,
der dir einen Gruß über die Hecke schickt.
Möge dein Tag durch viele kleine Dinge groß werden.

Irischer Segenswunsch

Glücksvielfalt

Glück ist Wärme, wenn es kalt ist,
Glück ist weißer Meeresstrand,
Glück ist Ruhe, die im Wald ist,
Glück ist eines Freundes Hand.

Glück ist eine stille Stunde,
Glück ist auch ein gutes Buch,
Glück ist Spaß in froher Runde,
Glück ist freundlicher Besuch.

Glück ist niemals ortsgebunden,
Glück kennt keine Jahreszeit,
Glück hat immer der gefunden,
der sich seines Lebens freut.

Clemens Brentano

Geschichte vom Glück

„Heute wirst du dem Glück begegnen!" Vor lauter Freude ruft er gleich am Morgen alle seine Nachbarn und Freunde zusammen. Sie versammeln sich auf dem Dorfplatz und warten. Eine, zwei, drei Stunden, den ganzen Tag. Doch nichts geschieht. Einige werden ärgerlich, andere traurig: „Das Glück hat uns vergessen." – „Immer sind wir es, die zu kurz kommen." – „Glück, so etwas gibt es doch gar nicht. Die Erde ist doch ein Jammertal und unser Leben nur eine Plage. Schaut euch doch nur mal um in der Welt."

Am Abend, als die Sonne schon unterzugehen beginnt, stehen die Menschen immer noch enttäuscht am Dorfplatz und schauen nach allen Seiten, ob nicht doch noch von irgendwoher das Glück kommen würde. Mittlerweile hat einer Tee geholt, eine andere etwas zu essen, wieder ein anderer erzählt eine Geschichte, um die Zeit zu verkürzen. Da kommt ein Fremder in das Dorf und fragt die Leute, was sie alle da am Dorfplatz machen. „Wir dachten, das Glück kommt heute zu uns. Doch es kam nicht, es gibt gar kein Glück." „Ja merkt ihr es denn gar nicht", erwidert der Fremde, „schaut euch doch mal um, wie ihr hier zusammen esst und trinkt und Geschichten erzählt. Das Glück ist doch bei euch schon lange angekommen!"

Gereiftes Leben

Haben Sie manchmal auch so Augenblicke

Haben Sie manchmal auch so Augenblicke
Wo Sie Ihre eigene Schrift nicht mehr lesen können
Es fängt meistens ganz anders an
Man fährt irgendwo vorbei
Auto Omnibus Straßenbahn Fahrrad
Egal
Und da steht groß an einer Häuserwand
Als Reklame geschrieben:
Haus der Seide
Und Sie lesen:
Haus der Freude
Nun kann man natürlich nicht alles auf
Sigmund Freud schieben
Der hat ja auch mal gesagt
Dass ein Zeppelin nicht immer ein Symbol sei
Aber so wie es keine einfachen Versprecher gibt
Gibt es auch keine einfachen Verleser
Da steckt ja immer hab ich gelernt
Ein ganz tiefer psychologischer
Verdrängungsmephisto
Ach in jeder Brust
Aber das ist gar nicht schlimm
Wir haben ja alle mal klein angefangen
Und außerdem lese ich doch wenigstens noch etwas
Wenn da steht Ordnungsamt
Und ich lese Oktoberabend
Da lese ich doch wenigstens noch etwas
Also ich schreibe abends etwas in mein Notizbuch

Ich hab so fünf sechs Notizbücher
Weil ich mir alles aufschreiben muss
Ich behalte ja auch nix mehr
Und wenn ich also abends was aufschreibe
Kann ich es am anderen Morgen nicht mehr lesen
Nun hab ich schon gedacht das liegt am Abend
Und habe es morgens aufgeschrieben
Aber da konnte ich es am Abend auch nicht lesen
Und da bin ich natürlich wachsam geworden
Und hab mir gesagt
Alter Junge hab ich mir gesagt
Da stimmt was nicht!
Ich schrieb also abends hin als Beispiel
Mein lieber Freund und Kupferstecher
Und weiß morgens nicht mehr was da steht
Und radebreche und radelese dann immer
Mein siebtes Bein und Buttermesser
Ungelogen
Weiß aber genau dass das nicht stimmt
Dass ich das am Abend nie dahin geschrieben habe
Und da bin ich dann doch zum Arzt und da
Sagt der zu mir:
Das liegt an Ihrer Brille
Na Gott sei Dank Herr Doktor hab ich da gesagt
Ich dachte schon es wären die Augen
Ich hab nämlich drei Gallenkoliken hinter mir
Kann das vielleicht mit der Brille zusammenhängen
Nein sagt er in Wirklichkeit sind es natürlich
Die Augen
Sehen Sie Herr Doktor hab ich da gesagt
So fängt es meistens an
Bei Ihnen auch schon

Sie meinen die Brille sagen aber die Augen
Ich verlese mich Sie versprechen sich
Jetzt sind wir quitt
Danke schön und schicken Sie mir die Rechnung
Das mit der Brille übrigens
Hab ich von meinem Vater geerbt
Weil der nämlich seine Brille nur alle zwei Monate
Putzte
Konnten die Augen natürlich nichts machen
Hätte er sie jeden Tag geputzt
Hätte er gar keine Augen gebraucht
So ist das Leben
Er war übrigens der Erfinder von einigen
Verkehrsschildern
Die immer so auf der Straße rumstehen
Wie zum Beispiel:
Vorsicht – Kinder!
Als er pensioniert war hat er sich noch mal hingesetzt
Mit der Laubsäge hat er sich so Schilder ausgesägt
Und dann die Texte draufgeschrieben
Ich fand das toll und hab ihn auch
Immer dazu animiert
Hab zu ihm gesagt du musst das machen
Misch dich doch noch mal ein
Die Gesellschaft braucht dich
Einige Schilder hat er auch ans Verkehrsministerium
Geschickt
Es sind nicht alle genommen worden aber immerhin
Gas weg – Schule
Oder
Pferd weg – Cowboy
Das ist glaube ich genommen worden

Also wenn Sie so ein Schild mal auf der
Autobahn sehen
Das ist von meinem Vater
Fuß weg – Metzger
Mund auf – Arzt
Und
Hut ab – Kirche
Und so weiter
Ich hab mich inzwischen damit abgefunden
Dass ich meine Schrift nicht mehr lesen kann
Vielleicht kann ich eines Tages bei der Spionage
Als Geheimschreiber unterkommen
Mal gucken
Das meiste spreche ich jetzt abends aufs Tonband
Aber ich muss zugeben
Es gibt auch da schon morgens Augenblicke
Wo ich mich nicht mehr hören kann.

Hanns Dieter Hüsch

Ungeschminktes Alter

Es ist unmöglich,
Ihnen mein Alter zu verraten,
da es sich ständig ändert.

Alphonse Allais

Ich bin stolz
auf die Falten.
Sie sind das Leben
in meinem Gesicht.

Brigitte Bardot

Die Zeit ist
ein guter Arzt,
aber ein schlechter Kosmetiker.

William Somerset Maugham

Nichts macht so alt
wie ein lange zurückliegendes Geburtsdatum.

Anonym

Ansporn

Ein alter Mann lag schon lange in kritischem Zustand im Krankenhaus. Verzweiflung und Hoffnung, Selbstaufgabe und Kampf stritten miteinander. Alle Gebete blieben „unerhört“.
Eines Tages schüttelte der untersuchende Arzt den Kopf, maß den Blutdruck zum zweiten Mal, staunte über die Laborwerte. „Was ist los, von einem Tag zum anderen sind alle Werte viel besser!?“ Langsam nickte der alte Mann und lächelte ein wenig: „Gestern hat mich mein sechsjähriger Enkel besucht. Er sagte zu mir: Großpapi, jetzt musst du wirklich bald nach Hause kommen, mein Fahrrad ist kaputt!“

nach Martin Lienhard

Gute alte Zeiten

Weite Welt und breites Leben,
Langer Jahre redlich Streben,
Stets geforscht und stets gegründet,
nie geschlossen, oft geründet,
Ältestes bewahrt mit Treue,
Freundlich aufgefasstes Neue,
Heitern Sinn und reine Zwecke:
Nun, man kommt wohl eine Strecke!

Johann Wolfgang von Goethe

In jüngeren Tagen war ich des Morgens froh, des Abends weint' ich, jetzt, da ich älter bin, beginn' ich zweifelnd meinen Tag, doch heilig und heiter ist mir sein Ende.

Friedrich Hölderlin

Jetzt sind die guten alten Zeiten,
nach denen wir uns in zehn Jahren
zurücksehnen werden.

Peter Ustinov

Älterwerden

Das Älterwerden ist wie eine Bergbesteigung: Je höher man kommt, desto müder und kurzatmiger wird man, aber dafür weitet sich der Blick immer mehr.

Ingmar Bergman

Das Alter ist ein höflich Mann:
Einmal übers andre klopft er an,
aber nun sagt niemand: Herein!
Und vor der Türe will er nicht sein.
Da klinkt er auf, tritt ein so schnell,
und nun heißt's, er sei ein grober Gesell.

Johann Wolfgang von Goethe

Das Beste

Wenn dir's in Kopf und Herzen schwirrt,
Was willst du Bessres haben?
Wer nicht mehr liebt und nicht mehr irrt,
Der lasse sich begraben.

Johann Wolfgang von Goethe

Erinnerungen sind ein goldener Rahmen,
der jedes Bild freundlicher macht.

Carl Zuckmayer

Man klagt so sehr bei jedem Schmerz
Und freut sich so selten,
wenn man keinen fühlt.

Georg Christoph Lichtenberg

Die Wunderpillen

Ein Arzt besucht seine Patienten im Altenheim. Dabei fällt ihm ein Mann auf, der gerade 96 Jahre alt geworden ist und einen sehr zufriedenen und freundlichen Eindruck macht.
Der Arzt spricht den betagten Mann an und fragt nach dem Geheimnis seiner Freude. Lachend antwortet der Gefragte: „Herr Doktor, ich nehme jeden Tag zwei Pillen ein, die helfen mir!"
Verwundert schaut ihn der Arzt an und fragt: „Zwei Pillen nehmen Sie täglich? Die habe ich Ihnen doch gar nicht verordnet!"
Verschmitzt lacht der Mann und antwortet: „Das können Sie auch gar nicht, Herr Doktor. Am Morgen nehme ich gleich nach dem Aufstehen die Pille Zufriedenheit. Und am Abend, bevor ich einschlafe, nehme ich die Pille Dankbarkeit. Diese beiden Arzneien haben ihre Wirkung noch nie verfehlt."
„Das will ich Ihnen gerne glauben", meint der Arzt. „Ihr gutes Rezept werde ich weiterempfehlen."

Reinhard Abeln

Auf die innere Stimme hören

Peter stand mitten in einem Zimmer vollgestopft mit Büromaterial. Er sichtete einen Karton nach dem nächsten. Nachdem er seine Arbeit an der Universität beendet hatte, befand er sich nun mit seiner Frau Ruth mitten im Umzug in ein gemütliches Bauernhaus. Ihr Traum vom Rentnerleben lag mitten im Grünen mit einer Scheune und allem Drum und Dran.

In die Vorfreude mischte sich allerdings ein beunruhigendes Gefühl – eine unerklärliche Rastlosigkeit. Die Besorgnis war sogar in den ganz praktischen Entscheidungen zu spüren, etwa in der Frage: „Wie dekoriere ich mein neues Arbeitszimmer?“ Als er sich gerade daranmachen wollte, seine Sammlung von Urkunden und Auszeichnungen aufzuhängen, nagte in ihm plötzlich ein Gedanke. Irgendetwas stimmte nicht. Eine Frage ging ihm durch den Kopf. „Sind das wirklich die Dinge, die mir jetzt, hier an diesem Punkt meines Lebens, wichtig sind?“ Er legte den Hammer beiseite und holte sich eine Tasse Kaffee.

„Es hat lange gedauert, bis ich den Hammer wieder in die Hand genommen habe“, gestand Peter. „Ich habe beschlossen, mir viel Zeit zu lassen und darüber nachzudenken, welche Gegenstände in den Kartons mir wirklich noch etwas bedeuten. Was ich schließlich aufgehängt habe, war – das Bild von meinem neuen Pferd, ein Gemälde eines meiner Enkelkinder, ein gerahmtes Gedicht, das ich sehr gern mag, und ein großes Familienfoto. Das fühlte sich angemessen an und entspricht dem, was mir wirklich am Herzen liegt. So fühlte es sich richtig an.“

Linda Douty

Ruhestand

Ruhestand – eine Zeit des Umbruchs, eine Zeit des Aufbruchs.
Etwas endet, etwas Neues beginnt:
das Leben nach der Berufstätigkeit.
Ein erhebendes Gefühl, einem Höhenflug gleich.
Man hebt ab, strebt nach oben, sieht die Welt aus neuer Perspektive –
mit Weitsicht, Übersicht, Umsicht.
Und zugleich weitet sich der Horizont –
im Doppelsinn des Wortes!

Peter Neysters

Es kommt immer anders! Das ist das wahrste Wort und im Grunde auch zugleich der beste Trost, der dem Menschen in seinem Erdenleben mit auf den Weg gegeben worden ist.

Wilhelm Raabe

Altwerden

All der Tand, den Jugend schätzt,
Auch von mir ward er verehrt,
Locken, Schlipse, Helm und Schwert,
Und die Weiblein nicht zuletzt.
Aber nun erst seh ich klar,
Da für mich, den alten Knaben,
Nichts von allem mehr zu haben,
Aber nun erst seh ich klar,
Wie dies Streben weise war.
War vergehen Band und Locken
Und der ganze Zauber bald;
Aber was ich sonst gewonnen,
Weisheit, Tugend, warme Socken,
Ach, auch das ist bald zerronnen,
Und auf Erden wird es kalt.
Herrlich ist für alte Leute
Ofen und Burgunder rot
Und zuletzt ein sanfter Tod –
Aber später, noch nicht heute!

Hermann Hesse

Erfahrungen

Je mehr Stürme des Lebens
man gemeistert hat,
umso klarer wird,
dass man niemandem mehr
etwas beweisen muss.

Franz Hübner

Der Alltagsmensch ist schwer erkrankt
am Leben, öd und unbedankt.
Ich bitt euch herzlich. Lobet ihn!
Lob ist die beste Medizin.

Eugen Roth

Schlecht sehn – ein Glas hilft da fast immer,
Doch nur das Schlechte sehn ist schlimmer.
Scharf zuzusehn empfiehlt sich nicht,
Denn es zerstört die Zuversicht.
Sehschärfe schadet dem Gemüte,
Wenn wir sie mildern nicht durch Güte.
Rezept: Vertrau dich dem Geschick
Des Optikers für inneren Blick!

Eugen Roth

Auf und ab

Vorvorgestern war ich fröhlich,
vorgestern hat sich's gegeben,
gestern schlug ich Purzelbäume,
heute will ich nicht mehr leben.

Solch ein Zustand ist entsetzlich,
mich und meine Umwelt quäl ich;
doch er dauert nicht sehr lange:
morgen bin ich wieder fröhlich!

Heinz Erhardt

Alles wiederholt sich nur im Leben,
Ewig jung ist nur die Phantasie.
Was sich nie und nirgends hat begeben,
Das allein veraltet nie.

Friedrich Schiller

Über das fröhliche Alter

Wer achtzig wird, ist selber schuld!
Man braucht dazu sehr viel Geduld!
Und guten – oder bösen – Willen,
Sowie unzählig viele Pillen
Und auch Vertrauen himmelwärts,
Und schließlich auch ein gutes Herz.
Was sich so mit dem Alter paart,
Sind Mängel sehr verschiedener Art,
Die uns die Laune oft verderben,
An jenen wir jedoch nicht sterben.
Der Grundsatz, besser sein als scheinen,
Ist gar kein Trost bei steifen Beinen
Der Rücken schmerzt, das Knie ist steif,
So wird man weiter abbruchreif.
Und dann – zum Teile oder ganz –
Schrumpft auch noch die Gehirnsubstanz,
Was man zunächst dadurch empfindet,
Dass häufig das Gedächtnis schwindet;
Weshalb man alles fein notiert
Auf Zetteln, die man prompt verliert.
Man wird halt dümmer, krummer, stummer;
Was ist dagegen schon zu tun?
Nur leider wird man gegen Kummer
Niemals immun.
Man muss sich täglich neu bewähren,
Wo soll man sich denn noch beschweren?
Man resigniert und übt Geduld ...
Wer achtzig wird, ist selber schuld!

Unbekannt

Dankbarkeit

Bis zum heutigen Tag ist das Wort, das mir am häufigsten über die Lippen kommt, „Danke". Wenn ein Mensch keine Dankbarkeit kennt, fehlt ihm ein wichtiges Stück Menschlichkeit. Eine Person definiert sich schon durch ihre Einstellung der Dankbarkeit gegenüber ... Für mich bedeutet jede Stunde meines Lebens eine Gnade. Und jedes Mal, wenn ich jemand treffe und sein Lächeln sehe, empfinde ich eine tief aus dem Herzen kommende Dankbarkeit.

Elli Wiesel in einem Fernsehinterview

Jung bleiben

Etwas tun

Ich tue täglich etwas
und blockiere mein Tun
nicht mit Vorurteilen.
Ich zerrede nicht die Methode,
bevor ich begonnen habe.
Ich fange an! Ich tue etwas!
Ich weiß, dass sich meinem Tun
Hindernisse in den Weg stellen.
Ich weiß aber auch,
dass das Hindernis zum Leben gehört.
Deshalb wird es mich weder
überraschen noch entmutigen.
Ich übe regelmäßig weiter und lasse die Vorstellungen
Wirklichkeit werden.
Wer das Tun vor die Kritik stellt, hat Erfolg.
Wer seine Unzulänglichkeiten bejaht
und sie als Faktor erkennt,
wird sie überwinden.

Albertus Magnus

Jung sein!

Jung ist, wer noch staunen und sich begeistern kann.
Wer noch wie ein unersättliches Kind fragt: Und dann!
Wer die Ereignisse herausfordert
und sich freut am Spiel des Lebens.

Ihr seid so jung wie euer Glaube.
So alt wie eure Zweifel.
So jung wie euer Selbstvertrauen.
So jung wie eure Hoffnung.
So alt wie eure Niedergeschlagenheit.

Ihr werdet jung bleiben,
solange ihr aufnahmebereit bleibt:
Empfänglich fürs Schöne, Gute und Große,
empfänglich für die Botschaften der Natur,
der Mitmenschen, des Unfasslichen.
Sollte eines Tages euer Herz
geätzt werden von Pessimismus,
zernagt von Zynismus,
dann möge Gott Erbarmen haben
mit eurer Seele – der Seele eines Greises.

Marc Aurel

Ich werfe meine Freude wie Vögel an den Himmel

Herr, ich werfe meine Freude
wie Vögel an den Himmel!
Die Nacht ist verflattert,
und ich freue mich am Licht!

Deine Sonne hat den Tau weggebrannt
vom Gras und von unseren Herzen.
Was da aus uns kommt, was da um uns ist
an diesem Morgen, das ist Dank.

Herr, ich bin fröhlich heute am Morgen.
Die Vögel und die Engel singen,
und ich jubiliere auch.
Das All und unsere Herzen
sind offen für deine Gnade.
ich fühle meinen Körper und danke.
Die Sonne brennt meine Haut, ich danke.
Das Meer rollt gegen den Strand, ich danke.
Die Gischt klatscht gegen unser Haus, ich danke.

Gott, ich freue mich an der Schöpfung
und dass du dahinter bist und daneben
und davor und darüber und in uns.

Ich werfe meine Freude wie Vögel an den Himmel.
Ein neuer Tag, der glitzert und knistert,
knallt und jubiliert von deiner Liebe.
Jeden Tag machst du, Gott!

Westafrikanischer Segen

Jung im Herzen

Man ist jung, solange man sich für das Schöne
begeistern kann und nicht zulässt,
dass es vom Nützlichen erdrückt wird.

Jean Paul

Wer morgens nüchtern dreimal schmunzelt,
wenn's regnet nicht die Stirne runzelt
und abends lacht, so dass es schallt,
wird 120 Jahre alt.

Sprichwort

Redet nicht von meinem Alter!
Ist es nicht besser, siebzig Jahre jung
als dreißig Jahre alt zu sein.

H. J. Berges

Das Altern ist wie die Woge im Meer. Wer sich von ihr tragen lässt, treibt obenauf. Wer sich dagegen aufbäumt, geht unter.

Gertrud von Le Fort

Alt werden, das ist Gottes Gunst,
jung bleiben, das ist Lebenskunst.

Sprichwort

Das Alter lässt sich leichter ertragen,
wenn man den Faltenwurf im Gesicht
als künstlerische Drapierung betrachtet.

Vivien Leigh

Mohnblumen

Die großen Fragen des Lebens interessieren mich nicht, und ich nehme das Leben, auch jetzt noch, am liebsten als ein Bilderbuch, um darin zu blättern. Über Land fahren und an einer waldecke sitzen, zusehen, wie das Korn geschnitten wird und die Kinder Mohnblumen pflücken, oder auch wohl selber hingehen und einen Kranz flechten und dabei mit den kleinen Leuten von kleinen Dingen reden: einer Geiß, die verloren ging, oder von einem Sohn, der wiederkam, das ist meine Welt.

Theodor Fontane

Offen sein

Jung sein bedeutet, mit sechzig oder siebzig Jahren
die Liebe zum Wunderbaren bewahren,
das Erstaunen für die leuchtenden Dinge
und die strahlenden Gedanken;
den kühnen Glauben,
den man den Ereignissen entgegenbringt,
den unstillbaren Wunsch des Kindes für alles,
was neu ist,
den Sinn für die angenehme und fröhliche Seite
des Daseins.
Ihr werdet so lange jung sein, wie euer Herz
die Botschaft der Schönheit, der Kühnheit und
des Mutes aufnehmen wird;
die Botschaft der Größe und der Stärke,
die euch von der Welt, von einem Menschen
oder von der Unendlichkeit geschenkt werden.

Grabinschrift im Parco Giardino Sigurta bei Verona

Täglich etwas Neues

Bin ich darum achtzig Jahre
alt geworden,
dass ich immer dasselbe
denken soll?
Ich strebe vielmehr,
täglich etwas anderes,
Neues zu denken,
um nicht langweilig zu werden.
Man muss sich immerfort
verändern, erneuern, verjüngern ...

Johann Wolfgang von Goethe

Die Kunst des Genießens

Sie können deftig sein, herzhaft und handfest, aber auch mild und köstlich. Sie sind mal hell, mal geheimnisvoll, zuweilen laut, aber auch zart und leise. Mal nimmst du sie in vollen Zügen, mal nippst du nur in kleinen Schlückchen von den Genüssen des Lebens. Die Skala ihrer Möglichkeiten ist immer so vielfältig und unterschiedlich wie deine Bedürfnisse. Beginne zu spüren, was dir heute guttut! Verlasse dann und wann den Rummelplatz der Sinne und sei mutig genug, deine Augen zu schließen. Alles ist möglich, wenn du es zulässt! Vielleicht tauchst du ein in eine Melodie, oder du lässt dich einhüllen in Stille. Vielleicht lässt du dich vom Wein berühren und trinkst den Duft der Rose. Genieße die Geschenke des Lebens! Ist einmal nur wenig zum Genießen da, sind Erinnerung und Hoffnung stets deine verlässliche Wegzehrung!

Angelika Wolff

Zuversicht

Wer die Gottesgabe der Begeisterung besitzt, der wird wohl älter, aber nie alt.

Gerhard Oncken

Wer sein Alter verbirgt, schafft seine Erinnerungen ab.

Arletty

Man bleibt jung, solange man noch lernen, andere Gewohnheiten annehmen und Widerspruch ertragen kann.

Marie von Ebner-Eschenbach

Du bist so jung wie deine Zuversicht, so alt wie deine Zweifel, so jung wie deine Hoffnung, so alt wie deine Verzagtheit. Solange die Botschaften der Schönheit, Freude, Kühnheit, Größe von der Erde, den Menschen und dem Unendlichen dein Herz erreichen, so lange bist du jung. Erst wenn die Flügel nach unten hängen und das Innere deines Herzens vom Schnee des Pessimismus und vom Eis des Zynismus bedeckt sind, dann erst bist du wahrhaft alt geworden.

Albert Schweitzer

Kraft gewinnen

Wenn du drei Rosen hast

schenke eine einem Kind
es ist deine Zukunft

die zweite einem Fremden
dein Bruder ist er heute

die dritte aber behalte selbst
freue dich an ihrer Schönheit

gewinne Kraft für heute und morgen.

Maria Sassin

Die Faszination des Lebens mag trotz des
Bewusstseins der Vergänglichkeit
in dem Wagnis zum Du
in dem Mut zum Ich
in dem Übermut zur Freude
in dem Sinn für Humor
in der Ausgelassenheit des Lachens
in der Kraft, Leid zu überstehen
begründet sein

Margot Bickel

Seligpreisungen

Selig die, die über sich selbst lachen;
sie werden immer genug Unterhaltung finden.

Selig die, die einen Berg von einem Maulwurfhügel unterscheiden;
sie werden sich viel Ärger ersparen.

Selig die, die schweigen und zuhören;
sie werden dabei viel Neues erfahren.

Selig die, die kleine Dinge ernst
und ernste Dinge gelassen nehmen;
sie werden sehr weit kommen.

Selig die, die Gott erkennen und lieben;
sie werden Güte und Freude ausstrahlen.

Die kleinen Schwestern des Charles de Foucauld

Anstöße zur Freude

Das Spiel von Sonne und Schatten,
der Kondensstreifen eines Düsenjägers am Himmel,
das Zwitschern des Vogels vor dem Fenster,
die Rose in der Vase,
das Bild an der Wand,
das Lachen der Kinder im Garten,
das Spiel im Fernsehen,
die Musik aus dem Radio,
der Apfel, die Banane auf dem Teller,
der Wind in den Bäumen,
Raureif an einem Wintermorgen,
die ersten Knospen im Frühling,
die langen Tage im Sommer,
die bunten Blätter im Herbstwald,
ein Käfer auf dem Weg,
ein Vogel, der seine Jungen füttert,
zwei spielende Hunde ...
Mach mich wacher, Gott,
dass ich an den kleinen Freuden des Tages
nicht vorbeieile.
Lass mich aufmerksam werden und wahrnehmen,
wie viel Möglichkeiten zur Freude du mir schenkst.

Eleonore Beck

Jeden Tag genießen

Jeder Tag ist ein neues Leben,
jedes Aufwachen und Aufstehen eine kleine Geburt,
jeder frische Morgen ist eine kleine Jugend.

Arthur Schopenhauer

Gott und Lachen
können das Alter zur Jugend machen.

Talmud

Von der Jugend und dem Alter

Hoffnung pflanzen

Ein alter Mann stand in seinem Garten und wollte Bäume setzen: einen Apfelbaum, eine Linde, einen Birnbaum und einen Kirschbaum. Am Morgen hatte er die kleinen Bäumchen in der Gärtnerei erstanden. Nun mühte er sich damit ab, Löcher in den Boden zu graben. Sein Nachbar, der selbst einen prächtigen Obstgarten sein eigen nannte, kam vorbei, grüßte ihn und blieb stehen. Nachdem er ihm eine Weile zugeschaut hatte, konnte er sich nicht mehr zurückhalten. „Warum pflanzt du jetzt noch diese Bäume?", fragte er etwas ungehalten. „Du glaubst doch nicht im Ernst, dass du hundert Jahre alt wirst, oder? Diese Bäume werden noch zwanzig Jahre brauchen, ehe du in ihrem Schatten sitzen kannst oder dass du das, was sie abwerfen, wirklich eine Ernte nennen kannst." Der alte Mann hielt mit seiner Arbeit inne, wischte sich den Schweiß von der Stirn und sah ihn lange an. Dann antwortete er: „Als ich auf die Welt kam, schlief und spielte ich im Schatten von Bäumen, die Menschen gepflanzt hatten, von denen ich nicht weiß, wer sie waren. Als ich älter wurde, erntete ich von Bäumen, die meine Großeltern hier in diesem Garten gepflanzt hatten. Auch sie habe ich nicht mehr kennengelernt, man hat mir nur von ihnen erzählt. Jetzt spüre ich, dass ich nicht mehr lange Zeit habe, meinen Teil dazu beizutragen, dass auch in Zukunft Menschen Schatten haben und ernten können. Deshalb pflanze ich heute für meine Enkel und Urenkel Bäume. Nur so konnten wir leben und nur so ist Zukunft möglich." Und damit machte er sich wieder daran, Löcher in die Erde zu graben.

Traditionelle Geschichte

Nachtgebet

(Dem Freund Kurt Hirschfeld)

Junge Leute werden manchmal wach
Und wissen, dass sie sterben müssen.
Dann erschauern sie kurz,
Und sehen verschiedene Bilder,
Und denken: Jeder muss sterben, und
Es ist noch Zeit.

Alte Leute werden manchmal wach
Und wissen, dass sie sterben müssen.
Dann wird ihr Herz bang,
Denn sie haben gelernt,
Dass niemand weiß, wie Sterben ist,
Dass keiner wiederkam, davon zu künden,
Dass sie allein sind, wenn das Letzte kommt.
Und wenn sie weise sind,
Dann beten sie. Und schlummern weiter.

Carl Zuckmayer

Bleib neugierig

Genau wie ich einen jungen Menschen
gutheiße, in dem eine Spur von Alter ist,
billige ich einen alten Menschen,
der das Aroma der Jugend hat.
Wer sich bemüht, Jugend und Alter
zu vermischen, wird wohl körperlich
altern, aber nie geistig.

Aristophanes

Nur Neugier beflügelt
jeden Schritt.

Goethe

Man wird alt, wenn man spürt,
dass die Neugierde nachlässt.

André Siegfried

Keine Zeit zu verlieren

Das Wartezimmer des Arztes war gedrängt voll. Ein älterer Herr stand auf und ging zur Sprechstundenhilfe. „Entschuldigen Sie“, sagte er höflich, „ich war um zehn Uhr bestellt, und jetzt ist es fast elf. Ich kann nicht mehr länger warten. Würden Sie mir bitte einen Termin an einem anderen Tag geben?“
Eine der Wartenden beugte sich zu einer anderen Frau und sagte: „Er ist doch mindestens achtzig Jahre alt. Was mag er wohl so dringend vorhaben, dass er nicht länger warten kann?“
Der Herr hörte die geflüsterte Bemerkung. Er wandte sich der Dame zu, verbeugte sich und sagte: „Ich bin siebenundachtzig Jahre alt. Und genau deswegen kann ich mir nicht leisten, auch nur eine Minute der kostbaren Zeit, die ich noch habe, zu vergeuden.“

Anthony de Mello

Wenn man älter wird, so lernt man eben einsehen, dass man von einem Menschen nicht alles verlangen kann, und dass man zufrieden sein muss, wenn ein Weinstock Trauben trägt. In jüngeren Jahren verlangt man auch noch Erd- oder Himbeeren dazu, womöglich gleich mit Schlagsahne.

Theodor Fontane

Es ist ein Jammer, dass die Spanne so kurz ist zwischen der Zeit, wo man zu jung ist, und jener, wo man zu alt ist.

Charles de Montesquieu

Wie der Mann angesprochen wird …

Der Weg eines Menschen von der Kindheit bis ins hohe Alter lässt sich wunderbar anhand der Art und Weise nachzeichnen, wie man in den verschiedenen Lebensabschnitten von Fremden angesprochen wird.

Man beginnt als „kleiner Mann“,
arbeitet sich dann über „Bübchen“
„Junge“,
„mein Sohn“
zum „jungen Mann“ empor,
und ehe man sich's versieht,
sind die Gesprächspartner schon jünger als man selbst
und titulieren einen mit „Herr Sowieso“.

Ich weiß noch genau, wie ich mich fühlte,
als ein Schlafwagenschaffner mich zum ersten Mal
mit „Herr Doktor“ ansprach
und jemand anders mit „Herr Direktor“,
und was es dann für ein Schock war,
als mir eines Tages ein Taxichauffeur
die Tür seines Wagens aufmachte und sagte:
„Na, denn setz dich nur rein, Papa!“

Bald wird man mich
als „diesen ehrwürdigen alten Herrn“ apostrophieren,
und der Todesstoß ist dann die Ernennung
zum „großen alten Mann“,
ein Ehrentitel, der bei uns jedem Weißhaarigen verliehen wird, der, ohne zu sitzen, die Achtzig erreicht hat.

Stephen Leacock

Erfahrungen

Erfahrung ist eine strenge Lehrmeisterin. Sie stellt zunächst die Prüfungsaufgaben und beginnt danach mit dem Unterricht.

Altes Sprichwort

Ich würde am liebsten allen jungen Menschen sagen: Habt vor nichts Angst. Das Leben ist aufregender, schöner und kraftvoller, als ihr euch vorstellen könnt. Wir aber sind viel stärker, als wir glauben.

Elsa Brandström

Die Jugend ist die Zeit, Weisheit zu lernen, das Alter die Zeit, sie auszunützen.

Jean Jacques Rousseau

Geduld mit den Alten

Zu Mark Twain kam einmal ein 17-jähriger junger Mann
und erklärte:
„Ich verstehe mich mit meinem Vater nicht mehr.
Jeden Tag Streit.
Er ist so rückständig
und hat keinen Sinn für moderne Ideen.
Was soll ich machen?
Ich laufe einfach aus dem Haus."

Mark Twain antwortete:
„Junger Freund,
ich kann Sie gut verstehen.
Als ich 17 Jahre alt war,
war mein Vater genauso ungebildet:
Es war kein Aushalten.
Aber haben Sie Geduld mit so alten Leuten,
sie entwickeln sich langsamer.

Nach 10 Jahren,
als ich 27 Jahre war,
hatte er schon so viel dazu gelernt,
dass man sich schon ganz vernünftig mit ihm
unterhalten konnte.

Und was soll ich Ihnen sagen:
Heute,
wo ich 37 bin,
ob Sie es glauben oder nicht,
wenn ich keinen Rat weiß,
dann frage ich meinen alten Vater.
So können die sich ändern …“

Das kleine ZIG

Das kleine ZIG ist ein Fanal,
mit zwanZIG kommt's zum ersten Mal.

Du find'st das kleine ZIG recht fein
und möchtest gar noch älter sein.

Mit dreißig macht es dir nichts aus,
du kennst damit dich ja schon aus
und stehest fleißig und geschickt,
bis es zum nächsten Male ZIGt.

Mit vierZIG kommst du zur Besinnung,
gehörst schon fest zu deiner Innung
und machst vielleicht in deinem Glück
auch schon mal einen Blick zurück.

Mit fünfZIG kommt wie Donnerknall
dir vor das kleine ZIG-Signal.

Du schlägst dir an die Brust im Gehen
und denkst: „Das woll'n wir doch mal sehen!"

Und gehst und gehst mit festem Blick,
und plötzlich macht es wieder ... ZIG.

Du bist erstaunt, ja fast perplex,
denn diesmal steht davor die Sechs.

Du sollst das Leben weiter lieben,
steht auch vor deinem ZIG die Sieben!

Anonym

Zeichen der Liebe

Miteinander leben – Alt und Jung!
Miteinander reden,
lachen und fröhlich sein,
sich gegenseitig einen Gefallen tun,
mitunter auch streiten, ohne Hass –
das sind lauter Zeichen der Liebe,
die aus dem Herzen kommen,
Zeichen der Liebe – in Worten
und in tausend freundlichen Gesten.

Augustinus

Quellenverzeichnis

Texte

Reinhard Abeln, Die Wunderpillen, aus: Reinhard Abeln: Du bist im besten Alter, St. Benno-Verlag, Leipzig 2013, S. 16 © Alle Rechte beim Autor

Adalbert Ludwig Balling, Lebenskünstler © Alle Rechte beim Autor

Eleonore Beck, Anstöße zur Freude, aus: Eleonore Beck, Alle Tage ist Gott nah. Gebete und Gedanken © 2003 Butzon & Bercker GmbH, Kevelaer, S. 34, www.bube.de

Margot Bickel, Die Faszination des Lebens, aus: Margot Bickel/Hermann Steigert: Pflücke den Tag. Verlag Herder, Freiburg im Breisgau 2005 © Alle Rechte bei der Autorin

Phil Bosmans, Zeit ist keine Schnellstraße..., aus: Phil Bosmans, Mit allen guten Wünschen. Grußbotschaften für jeden Anlass. Hrsg. und übersetzt von Ulrich Schütz © Verlag Herder GmbH, Freiburg i. Br. 2007, S. 11

Anthony de Mello, Im Wartezimmer des Arztes..., aus: ders, 365 Geschichten, die gut tun. Weisheiten für jeden Tag. Hrsg. von Jorg Lix © Verlag Herder GmbH, Freiburg i. Br. 2009, S. 254 (30. Dezember)

Linda Douty, Auf die innere Stimme hören, aus: Linda Douty: Nicht leise, aber weise, S. 156, Asslar: Gerth Medien, © 2015

Markgräflerland 2013, S. 18 © Alle Rechte bei der Autorin

Andreas Laun, Das Märchen von den Zeitgutscheinen, aus: Von Gott, Menschen und Tieren. Geschichten zum Nachdenken. ISBN 978-3-902336-03-3 © Alle Rechte beim Autor

Peter Neysters, Ruhestand, Originaltitel: Der Horizont weitet sich, aus: Peter Neysters: Zum Ruhestand alles Gute © 2014 Butzon & Bercker GmbH, Kevelaer, S. 10, www.bube.de

Eugen Roth, „Augenleiden" und „Der Alltagsmensch", aus: Eugen Roth, Sämtliche Werke, München, Wien, 1977 Band1/5 © Dr. Thomas Roth, München

Maria Sassin, „Gesegnete Reise" und „Kraft gewinnen", aus: Pass gut auf dich auf. Verlag am Eschbach der Schwabenverlag AG, Eschbach/Markgräflerland 2013 © Alle Rechte bei der Autorin

Joachim Wanke, Damit das Leben reifen kann, aus: Austen, Georg/Micheel, Matthias/Wagner, Nilas (Hrsg.): Damit das Leben reifen kann. Das Lesebuch für den Herbst des Lebens. Butzon & Bercker 2015, S. 14 und 16 © Alle Rechte beim Autor

Angelika Wolff, Die Kunst des Genießens, aus: Fritsch, Marlene (Hrsg.): Möge Hoffnung dich begleiten. Segenswünsche. Verlag Ernst Kaufmann, Lahr 2011, S. 47 © Alle Rechte bei der Autorin

Bilder

Wir danken allen Inhabern von Text- und Bildrechten für die Abdruckerlaubnis. Der Verlag hat sich bemüht, alle Rechteinhaber in Erfahrung zu bringen. Für zusätzliche Hinweise sind wir dankbar.